한 권으로 끝내는 영문법

ENGLISH GRAMMAR

한 권으로 끝내는 영문법
ENGLISH GRAMMAR

초판 1쇄 인쇄   2010년 11월 10일
초판 1쇄 발행   2010년 11월 15일

지은이 | 강은애, 김호
펴낸이 | 손형국
펴낸곳 | (주)에세이퍼블리싱
출판등록 | 2004. 12. 1(제315-2008-022호)
주소 | 서울특별시 강서구 방화3동 316-3 한국계량계측회관 102호
홈페이지 | www.book.co.kr
전화번호 | (02)3159-9638~40
팩스 | (02)3159-9637

ISBN 978-89-6023-476-5 03740

초보자 탈출 36일 프로젝트

한 권으로 끝내는 영문법
ENGLISH GRAMMAR

| 에세이 작가총서 336 | **강은애 · 김호** 공저

ESSAY

머리말

　영어를 시작하는 많은 영어초보자들을 위해 간단하고 필수적인 영문법을 제공하여 누구라도 쉽게 영어를 시작하게 하도록 하였으며 이에 따라 불필요한 설명을 최소화하고 한 눈에 볼 수 있도록 구성하였습니다. 아무쪼록 이 책을 통하여 한 사람이라도 더 많이 영어를 쉽게 접할 수 있기를 기대합니다.

2010년 11월

강은애, 김호

차례

Chapter 1 Be동사

* **Be동사: 동사(~다)**

    (1) be동사: am, are, is

    (2) 일반동사: be동사 이외 다 ex) like, swim…

1. 평서문

〈단수〉

I am a student. (I'm)

You are a student. (You're)

He is a student. (He's)

She is a student. (She's)

It is a book. (It's)

〈복수〉

We are students. (We're)

You are students. (You're)

They are students. (They're)

2. 부정문

I am a student. → I'm **not** a student.

You are a student. → You're **not** a student.

He is a student. → He's **not** a student.

3. 의문문

I am a student. → **Am I** a student?

You are a student. → **Are you** a student?

He is a student. → **Is he** a student?

문제

다음 문장을 괄호 안의 지시대로 바꿀 때 빈칸에 알맞은 말을 쓰시오.

1. I'm your new English teacher. (부정문)
   → I ___ ___ your new English teacher.
2. We are in the same class. (부정문)
   → We ___ ___ in the same class.
3. This is your mother. (의문문)
   → ___ ___ your mother?

정답 : 1.〈am not〉 2.〈are not〉 3.〈Is this〉

Chapter 2　일반동사

1. 평서문

〈단수〉

I like bread.

You like bread.

He likes bread.

She likes bread.

It likes bread.

(* 3인칭 단수: He, She, It)

〈복수〉

We like bread.

You like bread.

They like bread.

2. 부정문

You like bread. → You don't like bread.

He likes bread. → He **doesn't** like bread.

(* 3인칭 단수: doesn't)

3. 의문문

You like bread. → Do you like bread?

He likes bread. → **Does** he like bread?

(* 3인칭 단수: does)

문제

다음 문장의 빈칸에 들어갈 알맞은 말을 〈보기〉에서 골라 쓰시오.

〈보기〉 do does don't doesn't

1. ___ you have a pen pal?
2. ___ your dad go to work by car?
3. We ___ have any time to exercise.
4. Minsu ___ like hamburgers.

정답 : 1.〈do〉 2.〈does〉 3.〈don't〉 4.〈doesn't〉

Chapter 3 **have동사**

1. have/ has

(1) 형태: have (has: 3인칭 단수)

I have a bag.

He **has** a bag.

(2) 뜻

① 가지다: I have a bag.

② 먹다, 마시다: I have breakfast./ I have coffee.

③ (병에) 걸리다: I have a cold.

2. have가 포함된 숙어

(1) have a good memory (좋은 기억력을 가지다)

have a bad memory (나쁜 기억력을 가지다)

ex) I have a good memory.

(2) have a crush on (~에게 반하다)

　　ex) I have a crush on Brad.

(3) have in mind (~을 마음에 담아두다)

　　ex) You should have it in mind.

(4) have something to do with (~와 관계가 있다)

　　have nothing to do with (~와 관계가 없다)

　　ex) I have nothing to do with it.

문제

(　　)안에서 알맞은 것을 고르시오.

1. She (have, has) a new radio.
2. We don't (have, has) a camera.
3. I (have, has) two brothers.

정답 : 1.〈has〉 2.〈have〉 3.〈have〉

Chapter 4 의문사

> ### * 의문사

1. who(누가), when(언제), Where(어디서), What(무엇을),
   Why(왜), how(어떻게)

2. – How long: 얼마나 오래 (기간)
   – How often: 얼마나 자주 (빈도)
   – How tall: 얼마나 큰 (키)
   – How far: 얼마나 먼 (거리)

3. –What+명사: **무슨(어떤)**
   – what time: 몇 시에
   – what song: 무슨 노래
   – what color: 무슨 색깔

4. – which one~, A or B: A와 B 중 '어떤' 사람

    ex) Which fruit do you like, apples or oranges?

5. – whose lipstick: '누구의' 립스틱

    ex) Whose lipstick is this?

* '의문사' 로 시작하는 의문문

1. Be동사: 의문사+be동사+주어?

(현재) You are happy today.

　　　→ Why **are you** happy today?

(과거) You were happy yesterday.

　　　→ Why **were you** happy yesterday?

2. 일반동사: 의문사+조동사(do/does/did)+주어+동사원형?

(현재) You live in Incheon. → Where **do** you live in?

　　　He lives in Incheon.→ Where **does** he live in?

(과거) You lived in Incheon. → Where **did** you live in?

　　　He lived in Incheon. → Where **did** you live in?

문제

다음 문장의 빈칸에 들어갈 알맞은 말을 쓰시오.

1. 너는 무슨 노래를 잘 할 수 있니?
   ___ songs can you sing well?

2. 저것은 누구의 자전거니?
   ___ bike is that?

3. 너는 어떤 색깔을 좋아하니?
   ___ ___ do you like?

정답 : 1.〈What〉 2.〈Whose〉 3.〈What color〉

Chapter 5 현재진행형, 과거진행형

* 현재진행형
  (1) 형태: **am/are/is+V+ing**
  (2) 해석: **"~하고 있다"**

* 과거진행형
  (1) 형태: **was/were+V+ing**
  (2) 해석: **"~하고 있었다"**

1. 평서문 → 현재진행형 (과거진행형)

He works today.

→ He **is** working today.(He **was** work**ing** yesterday.)

She sings.

→ She is singing.(She was singing.)

2. 부정문 → 현재진행형 (과거진행형)

He is working today.

→ He is **not** working today.(He was not working yesterday.)

She is singing.

→ She is **not** singing.(She was not singing.)

3. 의문문 → 현재진행형 (과거진행형)

He is working today.

→ **Is he** working today?

(Was he working yesterday?)

Yes, he is./ No, he's not.

(Yes, he was./ No. he was not.)

She is singing.

→ **Is she** singing? (Was she singing?)

Yes, she is./ No, she's not.

(Yes, she was./ No. she was not.)

> * **"의문사"**+be동사+주어+V+ing?

They are going to school

→ **Where** are they going? (Where were they going?)

You are going there.

→ **Why** are you going there? (Why were you going there?)

> * **왕래발착동사**

go(가다), come(오다), start(출발하다), leave(떠나다), arrive(도착하다), depart(출발하다), return(돌아오다) 등.

→ **'현재진행형'**이 미래를 대신한다.

(미래)   I **am going to** go to the movies.　(x)

(현재진행형)   I **am** go**ing** to the movies.　　　(o)

문제

다음 괄호 안에서 알맞은 것을 고르시오.

1. 그때 너는 무엇을 하고 있었니?
   What (are, were) you doing at that time?

2. 나는 지금 책을 읽고 있다.
   I (am, was) reading a book now.

정답 : 1.〈were〉 2.〈am〉

Chapter 6 과거

> ### * 동사의 '과거'

(1) be동사: am, is → was

  are → were

  (이었다, 있었다, 되었다)

(2) 일반동사

  ① 원칙: 동사원형+ed

   play → played, study → studied

  ② 불규칙

   have → had   know → knew

   do → did   go → went

   meet → met   take → took

   get → got   sleep → slept

   eat → ate   hear → heard

   begin → began

* 의문문(과거)

1. Be동사

You were there. → **Were you** there?

He was there. → **Was he** there?

2. 일반동사　　　　　　* 현재

You worked here.　　　You work here.

→ **Did** you work here?　→ **Do** you work here?

He worked here.　　　He works here.

→ **Did** he work here?　→ **Does** he work here?

* 부정문

1. Be동사

You were there. → You were **not** there.

He was there. → He was **not** there.

2. 일반동사

* 현재

You worked here.

→ You **didn't** work here.

He worked here.

→ He **didn't** work here.

You work here.

→ You **don't** work here.

He works here.

→ He **doesn't** work here.

문제

1. 다음 문장을 부정문으로 바꾸시오.

I watched TV last night.

→ _____

2. 다음 문장의 빈칸에 알맞은 단어를 채우시오.(의문문)

그녀는 어제 학교에 갔니? → ____ she ____ to school yesterday?

정답 : 1.〈I didn't watch TV last night〉 2.〈Did, go〉

Chapter 7 현재완료

> * 과거분사(p.p.: past participle)

1. 원칙: 동사원형+-ed

play-played-played,

want-wanted-wanted,

study-studied-studied,

2. 불규칙

see-saw-seen,

go-went-gone

am,is/are-was/were-been,

have(has)-had-had,

know-knew-known,

lose-lost-lost,

meet-met-met

* 현재완료 : '과거부터 현재까지' 이어지는 상황을 나타냄.

(1) 형태: have(has)+p.p.

(2) 용법

　① 계속: **~ 해 왔다.** (for, during: 동안, since: ~ 이래로)

　　ex) I have studied English for three years.

　② 경험: **~ 해 본 적이 있다.** (ever: 이제껏, never: 절대 ~아니다)

　　ex) Have you ever seen movie stars?

　　　　I have never seen movie stars.

　③ 완료: '과거'로 해석. (just: 막, already: 이미, yet: 아

　　직(부정문))

　　ex) I have just finished my homework.

　④ 결과: '과거'로 해석.

　　ex) He has gone to Hollywood.

* **have(has) been to**: ~ 가본 적이 있다.(경험)

　have(has) gone to: ~ 가버렸다.(결과)

　ex) He has been to Hollywood.(그는 할리우드에 가 본 적이 있다.)

　　　He has gone to Hollywood.(그는 할리우드로 가버렸다.)

* 과거를 나타내는 단어와 현재완료

'과거'를 나타내는 단어 yesterday, ago, last 등과
'현재완료'는 같이 쓰지 않는다.

I **have talked** to her **yesterday**.　　(x) (현재완료)

I finally talked to her yesterday.　　(O) (과거)

문제

( ) 안의 말을 알맞은 형태로 바꾸어 쓰시오.

1. I have never (see) him play chess since then.

2. She has already (have) breakfast.

3. A: Are you coming home now?
   B: No, I haven't (finish) my work yet.

정답 : 1.〈seen〉 2.〈had〉 3.〈finished〉

Chapter 8   현재완료진행형

> * 현재완료진행형
>
> (1) 형태: **have(has) been**+동사원형+**ing**
>
> (2) 해석: **"~해 오고 있는 중이다."**

1. 긍정문

You <u>have been studying</u> English for a long time.

She <u>has been studying</u> English for a long time.

2. 부정문

You <u>have**n't**</u> been studying English for a long time.

She <u>has**n't**</u> been studying English for a long time.

3. 의문문

Have you been studying English for a long time?

Has she been studying English for a long time?

> * 의문사

How long have you been exercising?

Chapter 9   대과거

> * 대과거:
>
> **'과거'의 어떤 때를 기준으로 더 먼저 일어난 과거**를 표현

(1) 형태: **had+p.p.**

(2) 해석: "~했었다"(**'과거'**로 해석!)

ex 1) He <u>didn't know</u> that she <u>had moved</u> to another place.

ex 2) He <u>knew</u> her husband at once because he <u>had seen</u>

him at the university before.

> * 현재완료: '과거부터 현재까지' 이어지는 상황을 나타냄.

(1) 형태: have(has)+p.p.

    ex) I have studied English for three years.

(2) 용법: (27page) 참조.

Chapter 10 가정법 과거완료

* 가정법 과거완료

: **과거**에 대해서 **'후회'** 하거나 **'가정'** 할 때 사용하는 표현.

1. should have p.p. 〈후회〉

(1) should have p.p. ("~했어야 했다")

　　ex) **I should have done it.** 나는 그것을 했어야 했다.

(2) shouldn't have p.p. ("~하지 말았어야 했다")

　　ex) **I shouldn't have done it.** 나는 그것을 하지 말았어야 했다.

2. could have p.p. 〈가능성〉

(1) could have p.p. ("~했었을 수도 있다")

　　ex) I could have done it. 나는 그것을 했었을 수도 있다.

(2) couldn't have p.p. ("~할 수 없었을 것이다")

   ex) I couldn't have done it. 나는 그것을 할 수 없었을 것이다.

3. might have p.p. 〈추측〉

(1) might have p.p. ("~했었을지도 모른다")

   ex) I might have done it. 나는 그것을 했었을지도 모른다.

(2) might not have p.p. ("~하지 않았을지도 모른다")

   ex) I might not have done it.

      나는 그것을 하지 않았을지도 모른다.

4. would have p.p. 〈가정〉

(1) would have p.p. ("~했었을 것이다")

   ex) I would have done it. 나는 그것을 했었을 것이다.

(2) wouldn't have p.p. ("~하지 않았을 것이다")

   ex) I wouldn't have done it. 나는 그것을 하지 않았을 것이다.

Chapter 11   미래 1 (be going to)

> * 조동사: 바로 뒤에 나오는 동사의 의미를 더욱 '구체화' 시키면서
> 돕는 동사

(1) 종류: will, can, may, must⋯

(2) 형태: 조동사+동사원형

    I will go.

    I can swim.

> * **be going to와 will의 구별**

(1) be going to: '가까운 미래'를 나타내는 경우

    I <u>am going to</u> meet her tonight.

(2) will: '좀 더 먼' 미래를 나타내는 경우

    I <u>will</u> become a teacher.

*미래 'be going to'

(1) 형태: be going to+ 동사원형

(2) 해석: **"~할 것이다"**

1. 긍정문

You **are going to** buy. (너는 살 것이다.)

2. 부정문

You are **not** going to buy. (너는 사지 않을 것이다.)

3. 의문문

Are you going to buy? (너는 살 것이니?)

문제

1. 다음 우리말과 같은 뜻이 되도록 빈칸에 알맞은 말을 쓰시오.
   우리는 열심히 일할 것이다. → We _____ work hard.

2. 다음 중 not이 들어가기에 알맞은 곳은?
   We ①are ②going ③to ④have ⑤a party tomorrow.

정답 : 1.〈are going to〉 2.〈 ② 〉

Chapter 12 미래 2 (will)

* 미래 'will'

(1) 형태: **will**+동사원형

(2) 해석: **"~할 것이다"**

1. 긍정문

You **will** eat. (You will=**You'll**) 너는 먹을 것이다.

2. 부정문

You will not eat. (You **will not**=You **won't**)

너는 먹지 않을 것이다.

3. 의문문

Will you eat? 너는 먹을 것이니?

* **Shall** (문어체)

  (1) 형태: shall+동사원형

  (2) 해석: ~할 것이다

  (3) 예문: ex) I shall go there.

* **Shall I/we~?**

  (1) 해석: "~할까요?"

  〈상대방의 의지, 상대방에게의 제안〉

  (2) 예문

  Shall I answer the phone?

  Shall we dance?

문제

다음 우리말과 같은 뜻이 되도록 빈칸에 알맞은 말을 쓰시오.

방학은 다음 주에 시작될 것이다.

→ The vacation ___ begin next week.

정답 : 〈will〉

Chapter 13 **can**

* can (=**be able to**)

(1) 형태: **can**+동사원형

(2) 해석: **"~할 수 있다"**

1. 긍정문

You can swim. 너는 수영할 수 있다.

2. 부정문

You cannot swim. (**cannot=can't**) 너는 수영할 수 없다.

3. 의문문

Can you swim? 너는 수영할 수 있니?

Yes, I can.

No, I can't.

* could

(1) could: 'can' 의 과거

(2) 해석: "~할 수 있었다"

1. 긍정문

I <u>could</u> swim.　　　　　　나는 수영할 수 있었다.

2. 부정문

I <u>couldn't</u> swim.　　　　　　나는 수영할 수 없었다.

* 공손한 표현

1. 부탁

(1) 형태: 'Can you~?' / 'Could you~?'

(2) 해석: "~ 해 주실래요?~"

Can you open the door, please?

Could you open the door, please?

2. 허락

(1) 형태: 'Can I/we~?'

(2) 해석: "~해도 될까요?"

Can I borrow your car?

Can we have some coffee?

문제

1. 다음 괄호 안에서 알맞은 것을 고르시오.

   He can (use, uses) a computer.

2. 다음 우리말과 같은 뜻이 되도록 빈칸에 알맞은 말을 쓰시오.

   (1) 그는 한국어를 잘 말할 수 없다.

   He _____ _____ Korean well.

   (2) 나는 어제 그 일을 끝낼 수 있었다.

   I _____ finish the work yesterday.

정답 : 1.〈use〉 2.(1)〈can't speak〉 (2)〈could〉

Chapter 14 "~해야 한다"

> ＊ ~해야 한다"

1. 종류: must/ should/ ought to/ have(has) to/ (have) got to

ex) "나는 가야 한다."

    I <u>must</u> go.

    I <u>should</u> go.

    I <u>ought to</u> go.

    I <u>have to</u> go./ He has to go.

    I (have) <u>got to</u> go. (미국 구어체)

2. 부정문

(1) 해석: "~해서는 안 된다."

I <u>must not</u> go. (must not=**mustn't**)

I <u>should not</u> go.

I <u>ought **not** to</u> go.

(2) 해석: **"~할 필요가 없다"** (don't have to= need not = don't need to)

I <u>don't have to</u> go./ He <u>doesn't have to</u> go.

문제

다음 우리말과 같은 뜻이 되도록 빈칸에 알맞은 말을 주어진 철자로 시작하여 쓰시오.

1. 우리는 교실을 청소해야 한다.
   We s____ clean our classroom.

2. 나는 도서관에 가야 한다.
   I h____ to go to the library.

정답 : 1.〈should〉 2.〈have〉

Chapter 15 shall

> * **Shall** (문어체)
>
> (1) 형태: shall+동사원형
>
> (2) 해석: ~할 것이다
>
> (3) 예문: ex) I shall go there.

1. Shall we~?

: 적극적으로 뭔가를 제안하거나 권유할 때

(1) 형태: Shall we+동사원형?

(2) 해석: "~할까요?"

(3) 예문: Shall we dance? 우리 춤출까요?

2. Shall we not~?

(1) 형태: Shall we not+동사원형?

(2) 해석: "~하지 말까요?"

(3) 예문: Shall we not have a drink? 우리 술 마시지 말까요?

3. Shall I~?

(1) 형태: Shall I+동사원형?

(2) 해석: "제가 ~해드릴까요?"

(3) 예문: Shall I   close the door? 제가 문을 닫아 드릴까요?

* **"~하곤 했다"**

1. **used to** (과거의 '규칙적' 인 습관)

ex) I <u>used to</u> go to church every Sunday.

나는 매주 일요일에 교회에 가곤 했다.

2. **would** (과거의 '불규칙적' 인 습관)

ex) I <u>would</u> go fishing with my father.

나는 나의 아버지와 낚시를 하러 가곤 했다.

문제

1. 우리 커피 좀 마실까요? → ____ we have some coffee?
2. 나는 학교에서 좋은 성적을 받곤 했다.

   → I ____ ____ get a good grade at school.

정답 : 1.〈Shall〉 2.〈used to〉

Chapter 16 권유

1. "Would you like to~?"

   (1) 해석: "~하고 싶니?"

   (2) 예문: Would you like to go to the movies?

      너는 영화 보러 가고 싶니?

2. "Why don't you~?"

   (1) 해석: "~하는 게 어때?"

   (2) 예문: Why don't you go to the movies?

      너 영화 보러 가는 게 어때?

3. "You'd better~"

   (1) 형태: You'd better= You had better+동사원형

   (2) 해석: "~하는 게 낫다"

   (3) 예문: You'd better go to the movies.

      너는 영화 보러 가는 게 낫다.

4. "How about~?"

(1) 형태: How about~?= What about~?

(2) 해석: "~은 어때?"

(3) 예문: How about go**ing** to the movies?

How about you?

문제

1. _____ you like to stay here? 여기 머무르시겠어요?

2. ( )안에서 알맞은 말을 고르시오.

Minsu caught a cold. He had better (see, seeing, to see) a
doctor.

정답 : 1.〈Would〉 2.〈see〉

Chapter 17   수동태

1. 형태

be동사+p.p.(+by)

〈현재〉 am, are, is + p.p.(과거분사)

〈과거〉 was, were + p.p.

2. 해석

〈현재〉 "~에 의해 ~ 되다"

〈과거〉 "~에 의해 ~ 되어졌다"

3. 능동태 → 수동태

〈능동태〉 주어+동사+목적어: ~가 ~을 '하다.'

〈수동태〉 주어+be동사+과거분사+by+목적격

: ~에 의해 '~되다.'

(1) 현재

I make the card. (나는 그 카드를 만든다.)

→ The card is made by me.

(그 카드는 나에 의해 만들어진다.)

(2) 과거

I made the card. (나는 그 카드를 만들었다.)

→ The card was made by me.

(그 카드는 나에 의해 만들어졌다.)

---

* be born: 태어나다 (숙어)

ex) I was born in 1981.

문제

1. Bell makes the telephone. 〈현재〉 벨이 전화를 만든다.

　→

2. 이 책은 그에 의해 쓰였다.

　→

정답 : 1.(The telephone is made by Bell) 2.(This book was written by him)

* '수동태' 표현

1. I was born in 1980. 나는 1980년에 태어났다.

2. Butter is made from cream. 버터는 크림으로부터 만들어진다.

3. This room is cleaned every day. 이 방은 매일 청소된다.

4. I am invited to the party. 나는 그 파티에 초대된다.

5. This house was built 100 years ago.
   이 집은 100년 전에 만들어졌다.

6. He is called Jimmy. 그는 지미라고 불린다.

7. The telephone was invented by Bell.
   전화기는 벨에 의해 발명되었다.

Chapter 18 명령문 / Let's

1. 명령문(~해라)

: 상대방에게 명령, 부탁, 요청 등을 할 경우에 쓰인다.

(1) be동사: **Be~**

You are happy.	→ Be happy.	행복해라.
You are careful.	→ Be careful.	조심해라.

(2) 일반동사: **동사원형~**

You open your book.   → Open your book. 너의 책을 펴라.

(3) 부정녕령문: **Don't**+동사원형~

Don't be late.	늦지 마라.
Don't go out.	나가지 마라.

2. Let's: '~하자'의 뜻으로 권유나 제의를 나타낸다.

(1) Let's (=Let **us**): **Let's**+동사원형 **(~하자)**

Let's play tennis.   테니스를 치자.

(2) Let's의 부정: Let's not+동사원형(~하지 말자)

Let's not play tennis.   테니스를 치지 말자.

문제

1. 열심히 영어 공부를 하라. (hard, English, study)

→ _____

2. 여기서 수영하지 말자.

→ _____ swim here.

정답 : 1.〈Study English hard〉 2.〈Let's not〉

* '명령문' 표현	* 'Let's' 표현

1. Be happy.
   행복해라.

1. Let's go to the movies.
   영화 보러 가자.

2. Be careful. = Watch out.
   조심해라.

2. Let's have lunch.
   점심 먹자.

3. Have a nice day.
   좋은 하루 보내라.

3. Let's drink tonight.
   오늘밤에 술 마시자.

4. Don't go out.
   나가지 마라.

4. Let's not go there.
   거기에 가지 말자.

5. Don't be late.
   늦지 마라.

5. Let's not watch TV.
   TV를 보지 말자.

Chapter 19 　관사 a(an)/ the

1. 부정관사 a(an)

(1) 셀 수 있는 명사가 '하나' 있을 때, 명사 앞에 **하나의**(=one)
라는 뜻으로 **a**를 쓴다. 이때의 a는 많은 것 중에서 정해지지 않
은 막연한 하나를 나타내며, 대부분의 경우 해석하지 않는다.

　ex) He is a pianist. 그는 피아니스트이다.

　　　Call me a taxi. 나에게 택시를 불러 주세요.

(2) **'모음'** (a,e,i,o,u)으로 시작하는 명사 앞에는 **'an'**을 쓴다.

　ex) an **a**pple, an **u**mbrella

(3) 사람이름, 존칭어(Mr. Mrs. Miss), 소유격 앞에는 부정관사
a나 an을 쓰지 않는다.

　ex) This is Grace. 이 사람은 그레이스다.

　　　This is Mr. Kim. 이 사람은 김 씨다.

　　　This is my sister. 이 사람은 나의 여동생이다.

　　　This is a my book. (X)

문제

빈 칸에 알맞은 부정관사를 쓰시오.

1. I'm ___ English teacher. 〈an〉
2. You're ___ middle school student. 〈a〉
3. He's ___ movie star. 〈a〉
4. She' ___ basketball player. 〈a〉
5. They are ___ engineers. 〈an〉
6. He's ___ artist. 〈an〉
7. I'm ___ police officer. 〈a〉

2. 정관사 the

(1) 앞에 나온 명사를 다시 말할 때, 명사 앞에 정관사 the를 붙이고, '그~'로 해석한다.

A: It's **a** doll. 그것은 인형이다.

B: Whose thing is **the** doll? 그 인형은 누구의 것입니까?

(2) 문맥이나 상황으로 보아 무엇을 가리키는지 알 수 있는 명사 앞에 정관사 the를 붙인다.

ex) Open **the** door, please. 그 문을 열어 주세요.

(3) 상식적으로 '유일한 것'에 정관사 the를 붙인다.

ex) **the** sun 태양, **the** earth 지구, **the** moon 달

문제

다음 문장에서 정관사 the가 들어갈 자리를 고르시오.

1. A: It's _ⓐ_ pen.
   B: Whose is _ⓑ_ pen?

2. Minho plays _ⓐ_ baseball. Sujin plays_ⓑ_ violin.

정답 : 1.⟨b⟩ 2.⟨b⟩

Chapter 20 **복수**

1. 사람이나 사물을 나타내는 말을 '명사'라고 하는데, 명사의 수에는 '단수'와 '복수'가 있다. **'복수형'** 에는 단어 끝에 **'-(e)s'** 를 붙이는 규칙 복수형과 단어 형태가 바뀌는 불규칙 복수형이 있다. (해석: **"～들"**)

2. 규칙

　① 대부분의 경우: -s

　　ex) dogs, cars, fruits

　② 끝말이 s, x, ch, sh: -es

　　ex) classes, foxes, watches, dishes

　③ 자음+-o: -es

　　ex) potatoes, tomatoes

　④ 자음+-y: -ies

　　ex) city-cities, baby-babies

　⑤ -f, -fe: -ves

　　ex) leaf-leaves

3. 불규칙

① 모음의 철자가 함께 변하는 경우

tooth – teeth, man – men, mouse – mice

foot – feet, woman – women

② 어미에 –en, –ren을 붙이는 경우

ox – oxen, child – children

③ 단수와 복수의 형태가 같은 경우

sheep – sheep, fish – fish

문제

다음 주어진 단어를 복수형으로 바꾸시오.

1. car	_____	2. box	_____
3. foot	_____	4. baby	_____
5. woman	_____	6. notebook	_____
7. dish	_____	8. leaf	_____
9. class	_____	10. sheep	_____

정답: 1.〈cars〉 2.〈boxes〉 3.〈feet〉 4.〈babies〉 5.〈women〉
6.〈notebooks〉 7.〈dishes〉 8.〈leaves〉 9.〈classes〉 10.〈sheep〉

Chapter 21 주격/ 소유격/ 목적격/ 소유대명사

	〈단수〉	〈복수〉
〈1인칭〉	I (나는)	We (우리는)
〈2인칭〉	You (너는)	You (너희들은)
〈3인칭〉	He (그는)	They (그들은)
	She (그녀는)	
	It (그것은)	

* 〈주격〉	〈소유격〉	〈목적격〉	〈소유대명사〉
~은, 는, 이, 가	~의	~을,를	~의 것
I(나는)	my(나의)	me(나를)	mine(나의 것)
You	your	you	yours
He	his	him	his
She	her	her	hers
It	its	it	X
We	**our**	**us**	ours
You	your	you	yours
They	**their**	them	**theirs**

* "~의"

1. ~'s

   (1) 형태: **사람**+'s+명사 O

   (2) 예문: ex) This is **Kate's** camera.

           I go to **Mary's** party.

   (3) friend's / friends'

   1) friend's (단수)

   This is my **friend's** teacher. (한 명)

   이 사람은 **내 친구**의 선생님이다.

   2) friends' (복수)

   This is my friends' teacher. (여러 명)

   이 사람은 **내 친구들**의 선생님이다.

   → '복수' 명사는 끝에 '-s' (~들)를 붙이기 때문에 's가 아

        니라 ' 만 붙여도, '~의' 의 의미가 된다.

2. of

(1) 형태: 명사+of+**사물**

(2) 해석: **of '뒤'에서부터 해석** 〈해석 시, 주의 사항〉

ex) the name of this town 이 마을의 이름

the capital of Spain 스페인의 수도

문제

〈1〉. 다음 인칭 대명사의 소유격을 쓰시오.

(1) I: ___ (2) He: ___ (3) They: ___ (4) We: ___

〈2〉. 다음 인칭 대명사의 목적격을 쓰시오.

(1) I: ___ (2) He: ___(3) She: ___ (4) They: ___

정답 : 1.〈my〉〈his〉〈their〉〈our〉 2.〈me〉〈him〉〈her〉〈them〉

Chapter 22 **There is/ are**

* **"있다"**

1. **There is**+단수(a~)	2. **There are**+복수(~s)
(1) 긍정문 There is a hotel near here. (There's a hotel near here.)	(1) 긍정문 There are hotels near here.
(2) 의문문 **Is there** a hotel near here?	(2) 의문문 **Are there** hotels near here?
(3) 부정문 There is **not** a hotel near here. (There isn't a hotel near here.) (There's not a hotel near here.)	(3) 부정문 There are **not** hotels near here. (There aren't hotels near here.)
There is **no** hotel near here.	There are **no** hotels near here.

* ( )안에서 알맞은 것을 고르시오.

1. There (is, are) four books on the shelf.

2. There (is, are) a picture on the wall.

정답 : 1.〈are〉 2.〈is〉

Chapter 23 간접의문문/ 부가의문문

> *** 간접의문문**: '의문문' 이 다른 문장과 결합되는 형태.

1. '의문사' 로 시작하는 경우 (의문사 O)

(1) be동사

I know + Where is Paula?

→ I know **where Paula is.**

〈의문사+ 주어+ 동사〉

I don't know + What time is it?

→ I don't know what time it is.

(2) 일반동사

I don't know + Where do you live?

→ I don't know where you live.

I know + Where does he live?

→ I know where he lives.

〈의문사+주어+동사〉

2. '의문사' 로 시작하지 '않는' 경우 **(의문사 X)**

: 의문사 자리에 'if나 whether' ("~인지 아닌지")를 넣는다.

I don't know + Is Jack at home?

→ <u>I don't know **if Jack is at home.**</u>

〈if+주어+동사〉

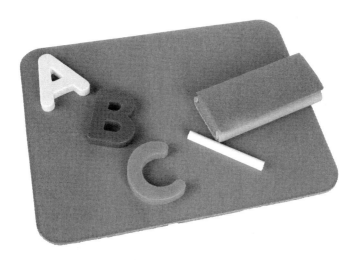

* 부가의문문

(1) 부가의문문: **'동사+주어?'** 의 형태를 덧붙여 그 문장을 의문문
  으로 만들어 주고, 문장의 내용을 확인하는 의미를 가진다. (해
  석: **"그렇지?"**)

(2) 형태: '긍정문' → '부정' 의 부가의문문
  '부정문' → '긍정' 의 부가의문문

  ① be동사

  Mina is your friend, **isn't she**?

  Mina <u>isn't</u> your friend, <u>is</u> she?

  ② 일반동사

  Inho <u>knows</u> you, <u>doesn't</u> he? 〈3인칭 단수〉

  Inho <u>doesn't</u> know you, <u>does</u> he?

  You <u>know</u> him <u>don't</u> you?

  You <u>don't</u> know him, <u>do</u> you?

* 미래

Tom <u>will</u> be late, <u>won't</u> he?   Tom <u>won't</u> be late. <u>will</u> he?

문제

1. 바르게 배열하여 쓰시오.

I don't know (lives, she, where).

2. You are happy, (are / aren't) you?

You study English, (do / don't) you?

정답 : 1.(where she lives) 2. (aren't / don't)

Chapter 24 형용사, 부사

---

* 꾸며주는 말

　1. 형용사: ~ㄴ,~의　　ex) pretty, American

　2. 부사: ~하게　　　　ex) happily, very, hard

---

1. 형용사

: '명사'를 꾸며주는 말 (형용사+명사)

(1) 해석: "~ㄴ, ~의" (pretty, American)

(2) 예문: **pretty** girl　예쁜 소녀

　　　　　something **to drink**　마실 무인가

ex) I don't have **much** time.　나는 많은 시간을 가지고 있지 않다.

　　You have a **nice** bag.　　너는 멋진 가방을 가지고 있다.

　　This is a **beautiful** park.　이것은 아름다운 공원이다.

　　He is a **smart** student.　　그는 영리한 학생이다.

2. 부사

: '동사'를 꾸며주는 말 (동사+부사) (형용사, 다른 부사, 문장전

체도 꾸며 준다)

(1) 해석: "~하게"(주로, −ly)

ex) I live **happily** ('동사' 수식)

She is **very** beautiful. ('형용사' 수식)

She sings a song **very** happily. ('다른 부사' 수식)

− 부사는 일반적으로 수식하는 말의 '앞'이나 '뒤'에 쓰

인다.

(2) 예문

I study **hard,**

I study **well,**

in the park, at school 〈부사구〉

(3) 빈도부사: 동작의 횟수나 정도(빈도)를 나타내는 부사

　1) 종류: **always 〉 usually 〉 often 〉 sometimes 〉 seldom 〉 never**

　〈잦음〉　　　　　　　　　　　　　　　　〈드묾〉

　2) 해석: 항상 〉 보통 〉 자주(종종) 〉 때때로 〉 거의~않는 〉 결코~않는

　3) 위치: **be동사, 조동사 '뒤' / 일반동사 '앞'**

　　　ex) He is **never** late for work.

　　　　　그는 결코 직장에 늦지 않는다. (be동사 '뒤')

　　　　　He will **always** study.

　　　　　그는 항상 공부할 것이다. (조동사 '뒤')

　　　　　I **usually** play basketball every Saturday.

　　　　　나는 보통 매주 토요일에 농구를 한다.(일반동사 '앞')

Chapter 25 비교급

1. 비교급(-er) + than: "~보다 더~한"

ex) Tom is **shorter than** Bill. Tom은 Bill보다 키가 작다.

The earth is bigger than the moon. 지구는 달보다 크다.

2. 비교급 만들기: '형용사나 부사'에 '-er'을 붙여서 만든다.

(1) 대부분의 경우: 원급+-er

ex) tall → taller

(2) 자음+-e : 원급+-r

ex) large → larger

(3) 단모음+단자음: 자음을 한 번 더 쓰고 -er

ex) big →bigger

(4) 자음+-y : y를 I로 고치고 -er

ex) pretty → prettier

(5) 3음절 이상의 단어: 원급 앞에 more

ex) beautiful → more beautiful

3. 불규칙

(1) good(좋은) → better(더 좋은)

well(잘) → better(더 잘)

(2) many(+셀 수 O, 많은) → more(더 많은)

much(+셀 수 X, 많은) → more(더 많은)

(3) bad(나쁜) → worse(더 나쁜)

(4) little(작은, 적은) → less(더 작은, 더 적은)

ill(아픈) → worse(더 아픈)

문제

다음 단어의 비교급을 쓰시오.

1. cheap → _____
2. important → _____
3. good → _____

정답 : 1.(cheaper) 2.(more important) 3.(better)

Chapter 26 최상급, 동등비교

1. 최상급(-est)

(1) 형태: **the**+최상급(**-est**)+명사+(**in/of**)

(2) 해석: "가장~한"

ex) Baekdusan is **the highest** mountain **in** Korea.

백두산은 한국에서 가장 높은 산이다.

Tom is **the tallest of** three boys.

2. 최상급 만들기 : 형용사나 부사에 '-(e)st'를 붙여서 만든다.

(1) 대부분의 경우: 원급+-est

ex) young → youngest

(2) 자음+e : 원급+-st

ex) nice → nicest

(3) 단모음+단자음: 자음을 한 번 더 쓰고 -est

ex) fat → fattest

(4) 자음+y : y를 i로 고치고 -est

ex) pretty → prettiest

(5) 3음절 이상의 단어: 원급 앞에 most

ex) beautiful → most beautiful

3. 불규칙

(1) good(좋은) → best(가장 좋은, 최고의)
   well(잘)   → best(가장 잘)

(2) many(많은, 셀 수 O) → most(가장 많은)
   much(많은, 셀 수 X) → most(가장 많은)

(3) bad(나쁜) → worst(가장 나쁜, 최악의)

　　ill(아픈)　→ worst(가장 아픈)

(4) little(작은, 적은)→ least(가장 작은, 가장 적은)

* 〈원급〉〈비교급〉〈최상급〉

　tall　-　tall**er**　-　tall**est**

4. 동등비교〈원급〉

(1) 형태: **as**+원급+**as** A

(2) 해석: "A만큼 ~한"

(3) 예문: Tom is **as** strong **as** I. Tom은 나만큼 강하다.

　　Tom is not as strong as I. Tom은 나만큼 강하지 않다.

문제

1. 다음 우리말과 같은 뜻이 되도록 밑줄 친 부분을 알맞은 형태로 고쳐 쓰시오.

   – 한국에서 가장 긴 강은 무엇입니까?
   What is the <u>long</u> river in Korea?

2. A: B = C: D의 관계가 되도록 빈칸에 알맞은 말을 쓰시오.

   tall: tallest = good: ____

정답 : 1.⟨longest⟩ 2.⟨best⟩

Chapter 27 **Too ~ to**

* **too ~ to**

(1) 형태: **too**+ 형용사/부사 + **to** + 동사원형

(2) 해석: **"너무나 ~해서 ~할 수 없는"**

(3) too ~ to= **so ~ that**+ 주어 + **can' t**

① You' re **too** beautiful **to** be true.

너는 너무 아름다워서 진실일 수 없다.

= You' re **so** beautiful **that** you **can' t** be true.

② You' re **too** old **to** marry me.

= You' re **so** old **that** you **can' t** marry me.

③ I' m **too** young **to** love you.

= I' m **so** young **that** I **can' t** love you.

④ I' m **too** shy **to** tell her the truth.

= I' m **so** shy **that** I **can' t** tell her the truth.

⑤ <u>We're **too** different **to** get along with.</u>

　= We're **so** different **that** we **can't** get along with.

문제

( )안의 말을 알맞게 배열하시오.

1. 우리는 너무 졸려서 공부할 수 없다.
　We are (too, to, study, sleepy).

정답 : 〈too sleepy to study〉

Chapter 28 간접화법

1. 간접화법 〈평서문〉

* 직접화법과 간접화법

(1) **직접화법**: 남이 말한 것을 그대로 전달하는 방법(" "기호를 사용)

(2) **간접화법**: 전하는 사람의 입장에서 간접적으로 전달하는 방법.

She says, "I am free now."   〈직접화법〉

= She says that she is free now.   〈간접화법〉

* say to = tell : "~에게 말하다."

(1) 현재

She says, "I am free now."   〈직접화법〉

= She says (that) she is free now.   〈간접화법〉

접속사 'that' 을 사용,('생략' 가능) → '주어' 를 일치('동사' 도 주어에 일치)

(2) 과거

He said, "It's very fine today."

= <u>He said (that) it was very fine that day.</u>

① She said, "I hate you."

→ She said she hated me.

② She said to me, "I will leave for New York tomorrow."

→ <u>She told me (that) she would leave for New York the</u>
<u>next day.</u>

문제

다음 직접화법을 간접화법으로 바꾸시오.

1. Diane said, "My father isn't very happy."

→

2. Sarah and Tim said, "We're going to buy a house."

→

정답 :1.(Diane said (that) her father wasn't very happy)
2.(Sarah and Tim said (that) they were going to buy a house)

Chapter 29 To부정사

> * 형태: to + 동사원형

> * 용법

1. 부사적 용법 ("~하기 위해서"(多)/ "~해서")

ex) I came here <u>to see</u> you. 나는 너를 보기 위해서 여기에 왔다.

Nice <u>to meet</u> you. 너를 만나서 반갑다.

① They came here <u>to help</u> poor people.

② I'm happy <u>to see</u> you again.

2. 형용사적 용법 ("~할, ~하는")

ex) I need something <u>to drink.</u>

나는 마실 무언가를 필요로 한다.

① Would you like something <u>to drink</u>?

당신은 마실 무언가를 원하나요?

② Gyeongju is a nice place <u>to visit.</u>

경주는 방문하기에 좋은 장소이다.

3. 명사적 용법 ("~기, ~것")

ex) I like <u>to eat.</u> 나는 먹는 것을 좋아한다.

① My hobby is <u>to see</u> a movie.

② I love <u>to wear</u> a cap.

문제

다음 밑줄 친 부분을 우리말로 옮기고, 무슨 용법인지 쓰시오.

1. She went to the store <u>to buy</u> some bread.
2. Nice <u>to meet</u> you, Mr. Brown.
3. I have a lot of things <u>to do.</u>
   (나는 해야 할 많은 것들을 가지고 있다.)
4. I hope <u>to go</u> to school.

정답 : 1.〈사기위해서, 부사적용법〉 2.〈만나서, 부사적용법〉

3.〈해야할, 형용사용법〉 4.〈가는 것을, 명사적용법〉

Chapter 30 동명사

1. 동명사

(1) 형태: **동사원형+ing**

(2) 해석: **"~기/~것"**

(3) 예문:

Smoking is bad for your health. 〈문장 맨 앞〉

I like **cooking**. 〈다른 동사의 목적어 역할〉

Thank you for **coming** to my birthday party. 〈전치사 뒤〉

2. to부정사와 동명사를 목적어로 취하는 동사

(1) '**to부정사**' 만을 목적어로 취하는 동사

: want, hope, wish, expect 등.

ex) I want to go to the party.

(2) **'동명사'** 만을 목적어로 취하는 동사

: enjoy, keep, <u>finish</u> 등

ex) I enjoy <u>dancing.</u>

(3) to부정사와 동명사를 **'모두'** 목적어로 취하는 동사

: like, love, begin, start 등

ex) I like **to eat.**

= <u>I like **eating.**</u>

문제

다음 괄호 안에서 알맞은 것을 고르시오.

1. What do you want (to read / reading) today?

2. She enjoyed (to dance / dancing).

정답 : 1.(to read) 2.(dancing)

Chapter 31 지각동사/ 문장의 형식

1. 지각동사

(1) 지각동사: 감각을 나타내는 동사

(2) 종류: see, watch, hear, listen to, feel 등

(3) 어순

① 지각동사+목적어+**동사원형**

ex) I see him <u>cross</u> the street.

나는 그가 길 건너는 걸 본다.

② 지각동사+목적어+**현재분사(~ing)** 〈'진행중' 인 동작을 강조〉

ex) I see him <u>crossing</u> the street.

나는 그가 길을 건너고 있는 것을 보았다.

문제

( )안에서 알맞은 말을 고르시오.

1. Did you hear the pin (drop, to drop) on the floor?
2. I heard her (crying, cried) at night.

정답 : 1.〈drop〉 2.〈crying〉

2. 문장의 형식

: S: 주어(은,는,이,가)/ V: 동사(~다)/ O: 목적어(~을,를)/ C: 보어

(보충하는 말)

(1) 1형식: **S+V**

ex) The bird sings.

(2) 2형식: **S+V+C**(주격보어)

ex) I am a student.

(3) 3형식: **S+V+O**

ex) I like him.

(4) 4형식: **S+V+I.O+D.O**

(수여동사: 목적어가 '두 개' 필요한 동사)

ex) I give <u>him a present.</u>

〈간접목적어〉〈직접목적어〉

:사람(~에게) :사물(~을/를)

(5) 5형식: **S+V+O+O.C**(목적보어)

ex) I made her happy.

Chapter 32 사역동사

> *** 사역동사**

(1) 종류: **let, make, have**

(2) 어순: 사역동사+목적어+**동사원형**

(3) 해석: "목적어가 **~하게 시키다**(만든다)"

(4) 예문

- I'll **let** you go. 나는 네가 가도록 만들겠다.

- **Make** me stop. 나를 멈추게 만들어 줘.

- I will **have** the painter paint my whole house.

  나는 페인트칠하는 사람이 나의 전체 집을 페인트칠하도록

  시킬 것이다.

문제

( )안에서 알맞은 것을 고르시오.

1. I made him (go, to go) there alone.
   나는 그가 거기에 혼자서 가도록 만들었다.

2. The film made me (cry, to cry).
   그 영화는 내가 울도록 만들었다.

3. He doesn't let anyone (smoke, to smoke) in his room.
   그는 그의 방에서 어떤 사람도 담배를 피우도록 만들지 않는다.

정답 : 1.〈go〉 2.〈cry〉 3.〈smoke〉

Chapter 33 관계대명사

* 관계대명사

	주격	소유격	목적격(생략 가능)
사람	who	whose	whom
사물	which	of which	which
사람, 사물	that	–	that

1. 사람

(1) 주격(who)

I know the girl. She is pretty.

나는 그 소녀를 안다. 그녀는 예쁘다.

→ I know <u>the girl</u> **who** is pretty. 나는 예쁜 그 소녀를 안다.

      〈선행사〉〈관계대명사〉

       :사람

* who는 '누구' 로 해석하지 않고, who이하를 해석해서 선행사를 꾸며준다.

(2) 소유격(whose)

I know the girl. Her name is Mary.

나는 그 소녀를 안다. 그녀의 이름은 메리이다.

→ I know the girl **whose** name is Mary.

나는 이름이 메리인 그 소녀를 안다.

(3) 목적격(whom) 〈생략 가능〉

I know the girl. You like her.

나는 그 소녀를 안다. 너는 그녀를 좋아한다.

→ I know the girl **(whom)** you like.

나는 네가 좋아하는 그 소녀를 안다.

2. 사물

(1) 주격(which)

I have the pen. It is useful.

나는 그 펜을 가지고 있다. 그것은 유용하다.

→ I have the pen **which** is useful.

나는 유용한 그 펜을 가지고 있다.

(2) 소유격(of which)

I have the pen. Its color is blue.

나는 그 펜을 가지고 있다. 그 펜의 색깔은 파란색이다.

→ I have the pen **of which** color is blue.

나는 색깔이 파란색인 그 펜을 가지고 있다.

(3) 목적격(which) 〈생략 가능〉

I have the pen. You like it.

나는 그 펜을 가지고 있다. 너는 그것을 좋아한다.

→ I have the pen **(which)** you like.

나는 네가 좋아하는 그 펜을 가지고 있다.

3. that

: 선행사가 사람, 사물일 때 모두 쓰임. 단, 소유격이 없음.

( )안에서 알맞은 말을 고르시오.

1. I have a friend. The friend lives in London.
   → I have a friend (who, which) lives in London.

2. I have a dog. The dog is black and white.
   → I have a dog (who, which) is black and white.

정답 : 1.(who) 2.(which)

Chapter 34 관계부사

> ## * 관계부사

선행사	관계부사
장소(the place, the house)	where
시간(the time, the day)	when
이유(the reason)	why
방법(the way)	how

* '관계부사' 는 해석 하지 않고, 관계부사 이하를 해석해서 선행사
  를 꾸며준다.

(1) 장소(where)

　　This is the place. + They will build a school in the place.

　　→ This is <u>the place</u> **where** they will build a school. 〈관계부사〉

　　　　　　〈선행사〉: 장소

　　(이것이 그가 학교를 지을 예정인 장소이다.)

(2) 시간(when)

I remember the time. + We studied hard at the time.

→ I remember <u>the time</u> **when** we studied hard.

〈선행사〉: 시간

(나는 우리가 열심히 공부했던 시간을 기억한다.)

(3) 이유(why)

That is the reason. + I miss him for the reason.

→ That is <u>the reason</u> **why** I miss him.

〈선행사〉: 이유

(그것이 내가 그를 그리워하는 이유이다.)

(4) 방법(how)

I love the way. + You taught me in the way.

→ I love <u>the way</u> **how** you taught me.

〈선행사〉: 방법

(나는 네가 나를 가르친 방법을 좋아한다.)

문제

( )안에서 알맞은 것을 고르시오.

1. This is the town (when, where) Tom was born.

2. Saturday is the day (when, why) he is less busy.

정답 : 1.(where) 2.(when)

Chapter 35 분사구문

> *** 분사구문**
>   (1) 형태: **동사원형+ing**
>   (2) 해석: **"~하면서"**

1. 때: while, when, as, after, before…

While I was walking along the street, I met an ex-boyfriend.

= **Walking** along the street, I met an ex-boyfriend

(길을 따라 **걸어가면서**, 나는 옛날 남자친구를 만났다.)

2. 이유: because, as…

Because I was glad to see him again, I ran to him.

= Being glad to see him again, I ran to him.

(그를 다시 보게 되어 기뻐하면서, 나는 그에게 달려갔다.)

3. 조건: if

If you see an old friend, you'll say hello to him.

= <u>Seeing an old friend, you'll say hello to him.</u>

(옛 친구를 만나면, 너는 그에게 인사할 것이다.)

4. 양보: though, although…

Though he got old, he still looked great.

= <u>Getting old, he still looked great.</u>

(나이가 들면서도, 그는 여전히 멋져 보였다.)

5. 부대 상황(동시 동작): as, and…

As he said "good-bye", he left me.

= <u>Saying "good-bye", he left me.</u>

("안녕"이라고 말하면서, 그는 나를 떠났다.)

문제

두 문장의 뜻이 같도록 빈 칸에 알맞은 말을 쓰시오.

1. Because he was very tired, he went to bed early.
   = _____ very tired, he went to bed early.

2. While she washed the dishes, she listened to music.
   = _____ the dishes, she listened to music.

정답 : 1.〈Being〉 2.〈Washing〉

Chapter 36 가정법

* **가정법(if절)**: "만일~라면"의 뜻으로 어떤 것을 가정하거나
  상상할 때 말하는 법

1. If you see the movie, you can hear the song.
   만약 네가 그 영화를 본다면, 너는 그 노래를 들을 수 있다.

– if절은 '미래' 시제를 **'현재'** 가 대신한다는 점을 주의!!!

2. If I pass the test, I'll be very happy.
   만약 내가 그 시험을 통과한다면, 나는 매우 행복할 것이다.

3. If it rains this Sunday, I will read a story.
   만약 이번 주 일요일에 비가 온다면, 나는 이야기를 읽을 것이다.

4. If she is my friend, she'll keep my secret.
   만약 그녀가 나의 친구라면, 그녀는 나의 비밀을 지켜줄 것이다.

5. If she doesn't go there, I will not go, either.

만약 그녀가 거기에 가지 않는다면, 나도 거기에 가지 않을 것이다.

* 긍정

A: Nice to meet you.

B: Nice to meet you, too.

  (= Me, too.)

* 부정

A: I am not happy.

B: I am not happy, either.

  (= Me, neither.)

문제

( )안에서 알맞은 말을 고르시오.

1. If it (rains, will rain) tomorrow, we will not go on a picnic.

2. If my father (gives, will give) me some money, I will go to the movies.

정답 : 1.〈rains〉 2.〈gives〉